LETTRE

D'UN

OFFICIER AUTRICHIEN

A SON FRERE.

production très
médiocre de
victor [illegible]

P.S. devenu [illegible]
général.

LETTRE

D'UN

OFFICIER AUTRICHIEN

A SON FRÈRE.

A PARIS,

Chez HUET, Libraire et éditeur de pièces de théâtre, rue Vivienne, n.° 8;

Et chez tous les Marchands de Nouveautés.

AN V.e, OU 1797.

AVERTISSEMENT.

La lettre qu'on publie a été écrite d'Olmutz, par un officier chargé pendant longtems de la garde de la Fayette, Latour-Maubourg et Bureau-de-Puzy, détenus depuis 27 mois dans cette forteresse. — Elle a été lue en Angleterre et en Allemagne avec cette sensibilité et cet intérêt qu'on accorde toujours au malheur et à la vertu persécutée. — Les détails affreux que cette lettre renferme, doivent pénétrer de douleur, en France, les amis de la liberté et de l'humanité, qui savent apprécier trois hommes qu'on doit considérer comme les fondateurs et en même tems les martyrs de la liberté Française. — Tout le monde rend justice aux bonnes qualités du jeune prince qui règne en Autriche; on le dit humain, généreux, sensible, et on aime à se persuader que ses ministres le trompent, en traitant avec autant de barbarie, trois Français qui ne sont ni ses justiciables, ni ses prisonniers légitimes. — Ce qu'il dit à madame la Fayette lorsqu'il lui accorda une audience à Vienne, *votre mari est bien traité, vous le trouverez bien portant,* prouve à quel point on lui en impose, et combien on abuse de sa bonne foi; puisque madame la Fayette trouva son époux dans l'état de santé le plus déplorable, et dénué des choses les plus nécessaires.

Cette captivité, qui fixe les regards de toute l'Europe, qui étonne et indigne les gens honnêtes de tous les partis, offre une grande leçon aux souverains et aux peuples. — Les premiers sentiront que des ministres peuvent compromettre leur dignité et leur réputation, en opprimant, en leurs noms, des hommes respectables par leur malheur même, et que le bonheur de soulager l'humanité outragée, est un des plus beaux apanages du pouvoir suprême. — Les seconds apprendront que, lorsque des hommes qui ont rendu des services essentiels à leur patrie, languissent dans des fers étrangers, le premier devoir du peuple, pour qui ils souffrent, exige impérieusement de les réclamer, et de ne jamais oublier que la honte ou l'honneur national sont essentiellement liés avec la conduite qu'il tiendra à l'égard de ces prisonniers.

LETTRE
D'UN
OFFICIER AUTRICHIEN
A SON FRÈRE.

Traduit du Morning-Chronicle, Nov. 4.

Olmutz, 15 Août 1796.

Je suis enfin délivré, mon cher frère, du devoir pénible qui m'étoit imposé. Vous savez combien il étoit peu conforme aux sentimens de mon cœur et à la noble profession que j'ai embrassée. De l'état de geolier subalterne, je vole aux champs de l'honneur combattre les ennemis de ma patrie qui menacent de l'envahir. Dieu veuille que je puisse répandre la dernière goutte de mon sang sous les yeux de mes frères d'armes, plutôt que d'être exposé une seconde fois à reprendre l'ignominieux emploi que, contre le vœu de mon cœur, j'ai si long-tems rempli à Olmutz !

Lorsque je fus préposé à la garde des cachots où les généraux la Fayette, Latour-Maubourg et Bureau-de-Puzy sont détenus, je vous donnai la description de leur prison, de leurs souffrances et de leurs personnes.

Je veux encore vous retracer une partie de ce tableau affreux, et suppléer à ce que je peux avoir omis dans les détails précédens.

La prison d'état d'Olmutz fait partie d'un ancien couvent de Jésuites, maintenant converti en immenses casernes. Les cachots de cette prison sont voûtés dessus et dessous, et sont situés au sud. — En face est une terrasse ou rempart très-élevé. — Les prisons sont de niveau avec un corridor qui est lui-même de niveau avec une cour quarrée, spacieuse, entourée par de grands bâtimens, où il n'y a d'autre issue, qu'une arcade dont la porte se ferme après la retraite, et sous laquelle il y a, nuit et jour, une garde de trente hommes. La principale consigne de ce poste est de ne laisser passer et repasser qui que ce soit, sans lui faire subir le plus sévère examen. — Il y a encore deux autres corps-de-garde en vue des prisons, et les sentinelles doivent veiller, non-seulement sur les prisonniers, mais aussi sur les deux sentinelles de la terrasse. Ces deux dernières ont l'ordre de prêter une oreille attentive, de donner avis de tout ce qui se passe, et de ne répondre à aucune question. — Le domestique d'un des prisonniers, ayant voulu parler de sa fenêtre à un de ses compagnons d'infortune, ne reçut que du pain et de l'eau pour toute nourriture pendant trois mois, et sa fenêtre fut bouchée. — On a placé trois autres sentinelles dans le corridor.

Outre beaucoup d'incommodités qui rendent le séjour de cette prison très-malsain, le voisinage des casernes d'un côté, et de l'autre les latrines, achève d'en faire le lieu le plus affreux et le plus infect. — L'humidité y est si grande, que les murailles des cachots où sont renfermés les prisonniers sont couvertes de salpêtre.

Les eaux presque stagnantes de la Morave, engendrent d'épaisses vapeurs et attirent d'innombrables essaims d'insectes. — Pour comble de maux, la branche de cette rivière qui coule sous leurs fenêtres, étant par sa profondeur, favorable au transport des immondices de la ville, est devenue son principal égoût. — C'est à cette circonstance qu'on attribue le mauvais air qu'on respire à Olmutz. — J'ajouterai que l'hôpital militaire et celui de la ville, sont les bâtimens les plus rapprochés de ce séjour d'horreur.

Les murailles extérieures de la prison ont six pieds d'épaisseur ; une forte cloison sépare les deux chambres que la Fayette occupe avec le reste de sa famille. — Ses deux filles, à qui il n'est pas permis de passer plus de six ou sept heures par jour avec leurs parens, habitent une de ces chambres, où elles n'ont qu'un mauvais matelas.

Latour-Maubourg et Puzy sont renfermés dans deux autres cachots séparés. Ils reçoivent le jour par une ouverture de quatre pieds quarrés, où l'air peut à peine parvenir, parce que, par un rafinement de précaution, on a placé deux grilles de fer très-fortes à quelque distance l'une de l'autre, de manière que de l'extérieur, il est impossible de pouvoir distinguer les prisonniers.

Il y a double porte à chaque cachot, toutes les deux sont fermées à clef; la première de ces portes, outre la serrure, est revêtue d'énormes cadenas.

Le commandement et l'inspection des

cachots sont confiés au major de la place, qui a sous ses ordres un lieutenant de la garnison ; et celui-ci, quand il a commencé l'exercice de cet emploi, n'en peut être relevé que pour cause de maladie, ou pour rejoindre l'armée. — Immédiatement sous eux sont un caporal et un soldat qui portent aux prisonniers leur nourriture.

On n'ouvre jamais qu'un cachot à-la-fois, en présence d'un officier, tandis que la garde est sous les armes en ordre de bataille, dans le corridor dont la porte est fermée. — Un soldat place son fusil dans l'ouverture de la porte, tandis qu'un autre, le sabre nu dans la main droite, tient la porte de la gauche.

Chaque cachot est ouvert de cette manière quatre fois par jour. — Le prisonnier prend ses repas en présence de l'officier et du prévôt, qui ne manquent jamais d'examiner si les doubles grilles de la fenêtre, la porte, etc. sont dans le même état que la veille. — Après le dernier repas des prisonniers, à neuf heures, les lampes sont éteintes ; ils ont été privés de briquet et d'amadou, ce qui leur avoit été accordé à leur arrivée à

Olmutz, en cas d'indisposition subite. — Leur nourriture est dégoûtante, et est apprêtée par un soldat qui, dans les mets qu'il prépare, ne met ni recherche ni propreté. On leur a seulement accordé une cuiller d'étain, les fourchettes et les couteaux n'étant pas permis. — Au commencement de leur détention, leur boisson étoit apportée dans des bouteilles, et ils buvoient à même. — Mais à présent, par une précaution nouvelle, ils ne peuvent se servir, pour boire, que de vases de terre ou de bois, qui, après les repas, sont placés sur la fenêtre du corridor, où ils sont exposés à la poussière, aux insectes, etc. et qui servent d'ailleurs aux soldats de la garde.

Après avoir dépouillé les prisonniers de leurs montres, rasoirs, et de tous les petits ustensiles de commodité et de propreté, on les a encore privés de plumes, d'encre, de papier, même des lettres de leurs amis, de leurs familles, et on leur a signifié qu'ils étoient sequestrés de tout le monde; qu'ils n'entendroient jamais parler les uns des autres; qu'ils devoient même oublier leurs propres noms, et se ressouvenir seulement des numéros particuliers de leurs cachots.

Leurs livres subirent l'examen le plus sévère ; tous ceux publiés depuis 1789 furent proscrits sans exception. — Parmi les livres d'une date antérieure, le commandant ayant jeté les yeux sur la première page d'une histoire de Grèce, et trouvant les mots *liberté* et *république*, la condamna irrévocablement. — Le ministre impérial, alla plus loin encore ; il ordonna qu'on leur ôtât le roman des *Liaisons dangereuses*, et les *Observations sur l'Histoire de France*, par Mably.

Les trois prisonniers sont couverts de haillons, comme des mendians (1) ; leurs habillemens n'ont pas été renouvelés depuis plus de quatre ans qu'ils sont détenus dans différentes forteresses. — Lorsque madame de la Fayette et ses filles arrivèrent, la décence exigea que la Fayette fût habillé. — On lui donna une veste et un pantalon de serge grossière, en lui disant que le drap étoit trop cher pour lui. — Il n'avoit point

(1) On a appris depuis que cette lettre a été écrite, qu'ils ont reçu chacun un habillement de drap grossier.

de souliers ; une de ses filles lui en fit une paire avec le drap d'un vieux habit.

L'habillement de Latour-Maubourg consiste enu ne veste et pantalon de nanquin, qui sont entièrement déchirés ; il les porte depuis son arrestation en 1792.

Tels ont été, mon cher frère, depuis quatre ans passés, les souffrances de ces hommes infortunés, dont la santé dépérit chaque jour ; et toutes les horreurs d'une captivité pareille, n'ont pas été capables de détourner trois héroïnes, à peine échappées des cachots de Robespierre, de se replonger dans la plus affreuse des prisons, celle d'Olmutz, pour adoucir et partager les peines d'un père et d'un mari ! En observant le calme et le courage des trois prisonniers, la Fayette, Latour-Maubourg et Bureau-de-Puzy, il est impossible de ne pas croire qu'ils sont innocens. — Seroient-ils coupables, quel crime peut être comparé avec un traitement aussi cruel ? Quelque chagrin que j'aie pu ressentir des scènes affreuses dont j'ai été le témoin, j'éprouve encore, mon cher frère, quelque consolation en pensant que le déshonneur que nécessite cette persécution sans exemple, ne rejaillit ni sur mon pays, ni sur mon souverain, qui, dans ce qu'il a dit à madame la Fayette, *que la liberté de son mari ne dépendoit que de lui seul, qu'il avoit les mains liées*, a confirmé ce que j'ai souvent entendu dire aux prisonniers, que leurs ennemis les plus implacables étoient dans le cabinet britannique.

De l'Imprimerie de la rue du Bacq, n.° 610, la 2.e porte à gauche en descendant le ci-devant pont-royal.

www.ingramcontent.com/pod-product-compliance
Lightning Source LLC
LaVergne TN
LVHW021711230826
846092LV00002BA/963

* 9 7 8 2 0 1 9 2 8 2 6 6 0 *